M. Alfred de COURCY

Né le 9 Novembre 1816 à Brest,

Mort le 18 Octobre 1888 au Château de Boiscorbon.

1888

M. Alfred de COURCY

Né le 9 Novembre 1816 à Brest,

Mort le 18 Octobre 1888 au Château de Boiscorbon.

M. Alfred de COURCY

M. Alfred de Courcy, l'éminent administrateur de la Compagnie d'Assurances générales, l'écrivain distingué, le fondateur et le généreux protecteur de tant d'œuvres bienfaisantes, est décédé subitement à son château de Boiscorbon, dans la forêt de Montmorency, le 18 octobre dernier. On l'a trouvé le matin inanimé dans son lit; il avait été foudroyé pendant son sommeil par une attaque d'apoplexie. Rien ne pouvait faire prévoir un semblable malheur. D'une constitution vigoureuse, d'une santé robuste, d'une activité que rien ne lassait, il n'avait jamais connu la maladie ni les infirmités, et, la veille de sa mort, il prenait encore part aux délibérations du Conseil d'administration de sa Compagnie avec la lucidité d'esprit qui lui était habituelle. Le vide qu'il laisse n'en est que plus douloureux. Nous allons essayer de retracer en quelques lignes l'existence de cet homme de bien qui fut merveilleusement doué des qualités les plus diverses et dont la vie féconde a été si laborieusement remplie.

M. de Courcy naquit à Brest, le 9 novembre 1816. Son père, officier de marine distingué, lui inculqua dès le jeune âge le goût du travail et le sentiment du devoir. Ces deux qualités se développèrent avec tant de puissance dans son esprit naturellement droit et porté vers le bien, qu'elles demeurèrent la base et la règle de toute sa vie. Il leur dut une jeunesse sérieuse et nourrie d'études fortes ; il leur doit les succès qui ont constamment couronné les travaux de sa longue carrière. Il était, d'ailleurs, si bien doué qu'il put mettre au service de ces qualités une intelligence rare, une mémoire prodigieuse et une aptitude remarquable pour toutes les branches des sciences et des lettres.

Ses premières études furent terminées de bonne heure. Il avait acquis à seize ans assez de maturité pour qu'il fût sollicité d'enseigner les mathématiques dans un collège de Bretagne. M. de Gourcuff, fondateur de la Compagnie d'Assurances générales, qui était son parent, le vit à cette époque et se montra désireux de doter la Société naissante de cette intelligence d'élite qui lui semblait admirablement préparée pour l'étude des assurances, alors très peu développées et très peu connues dans notre pays. Le jeune Breton hésita un instant à quitter ses bruyères; mais, cédant enfin aux sollicitations de son parent, il vint à Paris. C'était en 1833 ; il avait dix-sept ans.

A peine entré dans les bureaux de la Compagnie d'Assurances générales, il donnait un premier gage de sa haute valeur en traduisant de l'anglais la *Théorie des annuités viagères et des assurances sur la vie*, de Francis Baily, ouvrage en deux volumes qui est resté pendant longtemps le guide classique des assureurs français. Cette publication date de 1836. Ces travaux ne l'empêchaient pas de se livrer à d'autres études, notamment à celle du droit,

et de compléter ainsi le faisceau de connais-
sances spéciales qui devaient lui procurer la
grande compétence qu'il eut dans les questions
les plus variées.

Travailleur infatigable, il reposait son esprit
des labeurs sérieux en l'appliquant à des
œuvres littéraires où son style brillant et sa
verve humoristique s'animaient de toute la
franche gaieté de son caractère. Tout en traduisant Baily, en faisant son droit et en ac-
complissant sa besogne d'employé à la Compagnie d'Assurances générales, il collaborait à
des revues, et c'est vers cette époque qu'il a
tracé, dans les *Français peints par eux-mêmes*
des types de Bretons originalement décrits et
très finement observés. C'est ainsi que se pas-
sèrent ses années d'adolescence et de jeunesse,
années remplies comme celles de l'âge mûr et
où il n'y eut jamais de place pour aucune
légèreté. Souvent le jugement s'égare par
l'indulgence que l'on accorde à ses propres
défauts; l'on peut attribuer la rectitude de
jugement remarquable de M. de Courcy à
la pureté absolue de sa conscience. L'amour
du bien, de la justice, de la vérité fut la

qualité dominante de son esprit et elle s'est manifestée dans tous les ouvrages qu'il a écrits, quel qu'en fût le sujet, juridique, financier ou purement littéraire. Son grand désir d'être toujours vrai le rendait accessible à toutes les observations. Il communiquait volontiers à ses amis les manuscrits de ses livres; il tenait compte des critiques qui lui paraissaient justes et il aurait jeté au feu son manuscrit plutôt que d'y laisser un seul point qu'on lui eût montré susceptible d'une interprétation contraire à la vérité.

La Compagnie d'Assurances générales a eu le précieux privilège de voir cet esprit d'élite consacrer aux soins de sa prospérité cinquante-cinq années d'efforts assidus et d'activité constante. De simple employé, il s'éleva successivement au rang de directeur et de membre du Conseil d'administration. Il a exercé ces dernières fonctions pendant vingt-huit années consécutives et la Compagnie lui est en grande partie redevable de sa puissance actuelle et de la haute renommée dont elle jouit. Mais de la Compagnie d'Assurances générales ses lumières rayonnaient sur l'industrie tout entière

des assurances. Y avait-il une question à éluci-
der, une lutte à soutenir dans l'intérêt commun,
on le trouvait toujours prêt à être l'avocat ou
le champion de la bonne cause. Il ne pensait
bien, disait-il, que la plume à la main ; tout
sujet qui l'intéressait devenait l'objet d'un
mémoire écrit ; si la question avait quelque
importance, le mémoire était imprimé et pu-
blié, et c'est ainsi qu'est sortie de sa plume
une longue série de volumes et de brochures
qui constitue, pour ainsi dire, un code juridique, scientifique et essentiellement prati-
que, de tout ce qui a trait aux opérations
d'assurances. Est-il besoin de rappeler *l'Essai
sur les lois du Hasard, le Précis de l'assu-
rance sur la vie, l'Examen de la loi du
24 juillet 1867 sur les Sociétés anonymes, les
Questions de droit maritime, les Assurances
par l'État, l'Impôt et les Assurances sur la vie,*
et tant d'autres livres de propagande ou de
controverse ?

Les assurances étant une forme de la prévoyance, il était naturel que son esprit s'inté-
ressât à toutes les questions de prévoyance et
qu'elles lui devinssent familières. Il se préoc-

cupa surtout des questions de pensions et de retraites. Il avait, en 1850, puissamment contribué à l'organisation d'une caisse de prévoyance pour les employés de la Compagnie d'Assurances générales.

La caisse devait s'alimenter au moyen d'un prélèvement annuel de 5 % sur les bénéfices nets des actionnaires; mais l'idée géniale avait été d'établir pour chaque employé un compte individuel en inscrivant chaque année sur un carnet la part spéciale lui revenant dans la masse attribuée à la collectivité des employés. Par l'origine des ressources de la caisse, les employés se trouvant associés directement à la prospérité de la Compagnie avaient un double intérêt à la servir fidèlement, et par le mode de comptabilité suivi, l'employé mis à la retraite devenait possesseur d'une somme d'argent définie, d'un capital. Au moyen de ce capital, il pouvait se constituer une rente viagère au taux fixé pour son âge par les tarifs de la Compagnie. Mais si l'employé était marié, père de famille, il pouvait avoir le désir de conserver le capital pour ses enfants au lieu de l'aliéner à fonds perdus; les statuts de la caisse de prévoyance lui laissèrent le droit d'option, et il fut bientôt constaté que la plupart des options étaient dans le sens du patrimoine.

Ces résultats frappèrent vivement l'esprit de M. de Courcy; il y vit l'accomplissement d'une œuvre de haute moralité, une consolidation du lien de famille, un encouragement aux unions légitimes et un moyen de faire disparaître des situations irrégulières. Il y vit de plus, par la participation de tous aux bénéfices de l'industrie, un moyen d'adoucir la querelle sans cesse renaissante entre le capital et le travail. Sous l'influence de ces sentiments, il publia, de 1872 à 1875, plusieurs ouvrages dans lesquels il s'efforçait de vulgariser le système de caisse de retraites de la Compagnie d'Assurances générales. Il proposait notamment de l'appliquer aux fonctionnaires de l'État, en faisant remarquer en outre que ce système créerait une économie importante pour le budget; le projet fut adopté par le Sénat, mais il ne fut jamais discuté par la Chambre des députés.

Si M. de Courcy ne put triompher de la routine officielle, il eut du moins la satisfaction de voir des Sociétés privées, des industriels, des agents de change adopter ses doctrines et réclamer ses conseils pour la constitution des caisses de retraites de leurs employés.

M. de Courcy joignait aux dons de l'esprit les qualités les plus délicates du cœur. Il était d'un accueil bienveillant ; il s'attachait profondément à ceux qu'il aimait ; il était bon et généreux pour tous. Sa bourse s'ouvrait à toutes les infortunes et on le trouvait toujours disposé à mettre au service d'une bonne œuvre l'appui de son intelligence, de sa grande connaissance des affaires et de son activité personnelle. Quand les laïciseurs signifièrent aux sœurs de charité de Saint-Philippe-du-Roule qu'elles allaient être expulsées de l'école communale qu'elles dirigeaient, la supérieure ne fut point embarrassée de savoir à quelle porte frapper pour obtenir une assistance immédiate dans des circonstances si difficiles. Elle vint s'adresser à M. de Courcy et lui exposer ses peines : il fallait songer à fonder une école libre dans le quartier, acheter un terrain, construire des bâtiments, tout cela en hâte, car le temps pressait ; il fallait de suite beaucoup d'argent pour ces opérations et s'assurer encore des ressources futures. M. de Courcy l'écouta, promit son aide et se mit à l'œuvre. Pendant des semaines, des mois, il entretint une correspondance avec les personnes les plus influentes du quartier, dans le but de solliciter leur concours charitable; en même temps, il achetait le terrain nécessaire, faisait commencer les constructions, et le jour où les sœurs furent brutalement contraintes de quitter leur ancienne maison, la nouvelle était prête à les recevoir. Depuis lors, il ne cessa de s'occuper de leur école, de pourvoir à leurs besoins, et il tenait de sa main les comptes de la Société civile constituée à cet effet et dont il était le président. L'année dernière il eut le chagrin de voir mourir la vaillante supérieure qui avait fait appel à son dévouement; elle avait succombé à la tâche. La reconnaissance publique rendit aux vertus de cette sainte femme le plus éclatant hommage. La foule se pressa derrière son cercueil; la municipalité qui l'avait exilée de l'école communale, le maire lui-même, escorté de ses adjoints, suivit jusqu'au cimetière l'humble char funèbre. Ce fut un touchant spectacle et M. de Courcy en a retracé le souvenir dans les pages émues qu'il a consacrées à la mémoire de sa pieuse coopératrice, la sœur Bigourdan.

Enfin, dans les dernières années de sa vie, son œuvre de prédilection fut la « *Société de secours aux familles des marins français naufragés.* » Dans sa longue carrière d'assureur maritime, il avait vu tant de désastres causés par l'inclémence de la mer, que son cœur avait désiré soulager la détresse des veuves et des orphelins laissés par les équipages des bateaux de la perte desquels ses soins indemnisaient les seuls armateurs. Il réalisa ce vœu en fondant la Société de secours en 1879. Il sut y intéresser des cœurs charitables et les Chambres de commerce de plusieurs de nos grandes villes maritimes ; il recueillit par ce moyen des premiers fonds considérables qui lui permirent de venir en aide à quelques misères et de constituer des réserves importantes. Chaque année, dans une séance publique, il rendait compte, dans les termes les plus émouvants, des infortunes qu'il avait découvertes et secourues. Nous avons écrit *découvertes*, le mot est juste,

car c'étaient les misères ignorées dont le soula-
gement le préoccupait davantage et constituait
à ses yeux le but fondamental de son œuvre.
Il disait avec raison que dans les grands désastres la commisération publique est surexcitée
par le retentissement de l'événement; des sous-
criptions s'organisent, les dons affluent et les
élans de la générosité sont presque toujours à la
hauteur des besoins constatés. Mais quand une
pauvre barque de pêche, saisie par la tempête,
vient se briser contre les rochers qui bordent
nos côtes et disparaît avec ses deux ou trois
hommes d'équipage, qui s'en émeut? C'est à
peine si la nouvelle du sinistre accident franchit
la limite du groupe de chaumières composant le
petit port, inconnu sur la carte, auquel appar-
tenait le bateau. La misère et la faim cepen-
dant sont entrées avec le deuil dans les familles
des hommes engloutis par les flots; des veuves,
des enfants sont réduits à la plus effroyable
détresse, et ceux qui les entourent sont trop
pauvres eux-mêmes pour leur venir en aide.
C'étaient ces familles ignorées que M. de Courcy
voulait découvrir; c'est vers ces abandonnés
qu'il voulait étendre une main secourable.

Il s'était mis dans ce but en relations avec les commissaires de l'Inscription maritime, les priant de lui signaler tous les naufrages qui surviendraient dans leur arrondissement. Ils sont devenus ses auxiliaires dévoués. Non seulement ils mentionnaient les naufrages, mais ils indiquaient le nombre, l'âge des personnes à secourir et l'étendue des besoins. Ils se chargeaient en outre de répartir les sommes allouées par la Société dont les bienfaits se trouvaient, grâce à leur précieux concours, distribués avec prudence, mesure et discernement.

Des merveilles de charité ont été les fruits de cette correspondance touchante échangée entre le président de l'œuvre et ses fervents auxiliaires. Dans les séances annuelles dont nous parlions plus haut, M. de Courcy avait l'habitude de lire quelques-unes de ces lettres; presque toujours elles contenaient des détails navrants dont le récit fait avec cette simplicité et ce calme qui caractérisent les marins, tirait des larmes de tous les yeux. A la fin de la séance, bien des bourses s'ouvraient et M. de Courcy recrutait de nouveaux adhérents pour son œuvre.

Elle grandit ainsi rapidement et dans la

séance publique de cette année, le 26 mai, il pouvait annoncer avec un légitime orgueil que la caisse de sa Société possédait un fonds de secours qui n'était pas moindre de 850,000 francs.

Cette prospérité ne s'arrêtera pas avec la mort du généreux fondateur de l'œuvre ; elle lui survivra, comme sa mémoire restera parmi les malheureuses populations de nos côtes ; son nom béni tombera longtemps des lèvres des pauvres veuves agenouillées dans les églises de nos plages, et le soir, à la veillée, quand la mer mugira, quand les rafales de vent secoueront la porte et le toit des chaumières, bien des chapelets seront égrenés pour celui qui veillait de si loin sur le pain des veuves et des orphelins de la mer.

E. DE KERTANGUY.

IMPRIMERIE CHAIX. — RUE BERGÈRE, 20, PARIS. — 23854-11-8.

IMPRIMERIE CHAIX, 20, RUE BERGÈRE, PARIS. — 23856-11-8.